쉬며 읽으며 쓰며

쉬며 읽으며 쓰며

ⓒ생명의말씀사 2020

2020년 7월 30일 1판 1쇄 발행

펴낸이 ǀ 김재권
펴낸곳 ǀ 생명의말씀사

등록 ǀ 1962. 1. 10. No.300-1962-1
주소 ǀ 서울시 종로구 경희궁1길 5-9(03176)
전화 ǀ 02)738-6555(본사) · 02)3159-7979(영업)
팩스 ǀ 02)739-3824(본사) · 080-022-8585(영업)

지은이 ǀ 김민정

기획편집 ǀ 서정희, 김민주
디자인 ǀ 김혜진
인쇄 ǀ 예원프린팅
제본 ǀ 정문바인텍

ISBN 978-89-04-16717-3 (03230)

저작권자의 허락없이 이 책의 일부 또는 전체를
무단 복제, 전재, 발췌하면 저작권법에 의해 처벌을 받습니다.

쉬며   읽으며   쓰며

일상에서 쉬며
가볍게 읽으며
자유롭게 쓰며

김민정

들어가며
잠시 눈을 감고 느끼고 끄적일 수 있는 그런 책

겨울이 되어 옷장을 둘러보다가, 입을만한 코트 두 벌이 모두 엄마가 입던 것을 받아 입고 있다는 사실에 유독 마음에 꽂혔습니다. '이렇게 평생 돈 벌어서 코트 한 벌 제대로 못 사는 나도 참 불쌍하다.'라는 생각을 하는 순간, 나는 불행에게 마음의 문을 활짝 열어주었습니다.

그리고는 홈쇼핑에서 내 수준에 제법 비싼 코트를 일단 질러버렸습니다. 반품하면 되니까요.

코트를 받고 일주일 동안 입었다 벗었다 하면서 '나도 이런 거 입을 자격 있어! 뭐 어때 내가 번 돈인데.' 했다가 '안 사도 되는 건데 낭비 아닐까? 두 달만 참으면 겨울은 가잖아.' 하기를 수도 없이 반복했습니다. 과감히 지를 자신도 없고, 반품하고 평안할 자신도 없었습니다.

그러던 어느 순간 이건 기준의 문제라는 생각이 들었습니다. 사고 안 사고의 옳고 그름은 없습니다. 다만 나는 '소유' 대신에 '경험'을 사기로 정했습니다. 코트를 소유하는 것 대신에 소박한 여행이라도 가겠다고 기준을 바꾼 거죠. 그 두 가지는 모두 나를 위한 것이고,

나는 못 산 것이 아니라 다른 만족을 선택한 것이었습니다. 결정 장애가 가져오는 혼돈은 때로 전혀 다른 기준을 세울 때 해결이 됩니다. 가격이 문제가 아니라 어떤 삶을 살 것인가가 문제였습니다.

지금 당신은 경험을 사려고 하나요? 휴가를 위해 여행을 준비하고 있다면 아마도 소유보다 경험을 택한 것이겠지요. 그렇다면 그 경험을 통해 더 풍성한 안식을 얻기를 바랍니다. 새로운 풍경과 낯선 사람들, 처음 먹어보는 음식들과 어색한 쉼 가운데 그 경험들이 나의 마음에 소복이 쌓이면 얼마나 좋을까요.

썬 베드에 누워 책을 보고 싶은데 어떤 책을 봐야 할지 모를 때 가볍지만 인생을 생각하고, 잠시 눈을 감고 느끼고 끄적일 수 있는 그런 책이 되길 기대합니다. 가벼운 마음으로 떠나는 여행에 무겁지 않게, 하지만 의미 있는 미소를 지을 수 있는 책이 되길 소망합니다.

휴가가 아니어도 좋습니다. 내 마음의 안식을 위해 시간을 갖기로 했다면 그것 또한 나에게 쉼이라는 경험을 선물하는 것입니다. 무엇이든 자신을 위한 경험의 삶을 선택하신 여러분을 축복합니다.

일상에서 쉬며
가볍게 읽으며
자유롭게 쓰며

사람과
거리두기

　이전으로 돌아갈 수 없는 일상의 변화가 세상에 찾아왔습니다. 누구도 예상할 수 없는 상황에 사람을 맞대하지 못하는 힘듦이 어떤 것인지를 전 세계가 철저하게 경험하고 있습니다.
　한 달은 참 편했습니다. 두 달이 되니 두려웠습니다. 세 달이 되니 고독했습니다. 이것이 일상이 된다면 신앙생활도 아주 많이 달라질 것 같습니다.

　그동안 우리는 늘 사람 속에서 살았습니다. 만나고 이야기하고, 웃고 떠들고, 울고 싸우고 부대끼며 살아왔습니다. 어쩌면 그렇게 사람들 속에서 복작대고 사느라 하나님을 잊어버리고 지냈습니다. 사람들과 해야 하는 일들과 관계에 얽혀서 말입니다. 기도 1분, 감사 1분, 아주 단발적인 마음들만 가질 뿐, 대부분 하나님보다 사람들과 살았습니다.

사람과 거리를 둬야 하는 요즘, 사람들 없이 내가 할 수 있는 것이 무엇일까, 이 고독의 시간이 끝나고 나는 무엇을 얻을까 묻게 되었습니다. 그리고 사람과 거리를 두고 하나님께 가야겠다 싶었습니다. 전 세계가 마음의 광야에 머무는 이 시간에 더욱 하늘을 봐야 합니다. 어쩌면 거리두기 때문에 사람들이 내 마음을 어지럽히러 들어올 수 없어서 더 하나님과 밀착할 수 있는 인생 절호의 찬스를 얻었는지도 모릅니다.

쉬며
읽으며
쓰며

🌿 사람들을 만나지 않아서 남는 시간 중 하나님께 드리는 시간은 얼마나 되나요?

🌿 지금이 어쩌면 내게 인생 질문을 할 수 있는 절호의 찬스인지도 모릅니다. 나는 무엇을 하면서 살아야 할지, 나의 꿈과 신앙에서 놓친 것은 없는지 한번 질문해보십시오.

나만의 아름다운 공백

지금 당장 떠오르는 생각을 가볍게 끄적여 보세요.
그림도 좋아요. 낙서도 좋아요.

길을
잃어버렸을 때

   같은 꿈을 반복해서 꾸던 때가 있었습니다. 어두운 광야에 홀로 서 있는데 모래바람은 얼굴을 때리고, 어디가 앞이고 뒤인지 몰라 어쩔 줄 모르고 있었습니다. 잊을 만하면 한 번씩 꾸던 꿈은 어느새 사라졌습니다.

   이런 꿈처럼 인생의 어느 지점에서 '나는 어디로 가야 하지?' 묻게 되는 때가 있습니다. 진로 결정을 앞둔 청년, 은퇴를 앞둔 직장인, 갱년기에 접어든 여성들이 이런 질문을 만납니다.
   '지금까지 나는 잘 살아왔나?', '앞으로 나는 무엇을 해야 할까?' 이같은 질문이 마음에서 떠나지 않는다면, 그때가 바로 하나님의 초대장을 받은 때입니다. 하나님이 당신의 인생과 동행하기 위해 새로운 대화를 시작하기 원하시는 것입니다.

우리는 많은 사람 속에서, 첩첩이 쌓인 일 가운데, 정신없는 분주함 속에서 살아갈 때 확실한 길을 가고 있다고 여기지만, 오히려 그런 때에 하나님을 잃어버리게 됩니다. 사람들이 떠나가고, 할 일이 없어지고, 공허함을 느낄 때 우리는 길을 잃었다고 생각하지만, 실은 그때가 진짜 길을 찾아가는 첫 자리에 서 있는 것입니다.

어디로 갈지 몰라 서 있을 수밖에 없는 그곳에, 하나님이 당신을 기다리고 있습니다. 그래서 당신은 지금부터 시작입니다.

쉬며
읽으며
쓰며

🌿 지금 당신은 분주하고 확실한 길에 있습니까? 홀로 서 있는 막막함 속에 있습니까?

🌿 하나님이 지금 나에게 초대장을 내밀고 계시다면 그 안에 어떤 내용이 있을까요? 상상한 그것을 써볼까요?

나만의 아름다운 공백

지금 당장 떠오르는 생각을 가볍게 끄적여 보세요.
그림도 좋아요. 낙서도 좋아요.

사자의 그림자

 어느 날 잠을 자다가 문득 스산한 느낌이 들어 잠을 깼습니다. 마치 가위에 눌린 듯 간신히 실눈을 떴는데 방 벽에 커다란 사자의 그림자가 드리워있었습니다. '아! 악몽을 꾸는구나.'라는 생각이 든 것도 잠깐, 뭔가 이상했습니다. 벽을 가득 채운 사자 그림자의 꼬리가 잘려있었습니다. '저게 뭐지?'라고 생각한 다음 순간 나는 깔깔깔 웃을 수밖에 없었습니다. 그림자는 다름 아닌 내가 키우는 5개월 된 강아지의 달빛 그림자였습니다. 이제 갓 아기 티를 벗은 푸들 강아지는 미용으로 꼬리가 잘려있었습니다.
 킬킬 나오는 웃음을 참으며 다시 잠을 청하다 문득 '마귀의 전략'과 비슷하다는 생각이 들었습니다. 나를 당장 집어삼킬 것 같고, 내 인생을 송두리째 망가뜨릴 것 같지만 이것들은 늘 터무니없이 과장되어 있습니다. 나의 두려움 때문입니다.

　신앙생활을 하면서 만나는 어려운 시험과 고통 앞에 우리는 무기력함을 느낍니다. 그리고 우리의 두려움은 언제나 문제와 고통을 과장시키곤 합니다.

　고난이 몰려올 때 눈을 똑바로 떠야 합니다. 그리고 잘린 강아지 꼬리를 찾아내야 합니다. 그때부터 우리는 두려움을 몰아내고 꿋꿋이 이겨나가는 힘을 얻을 것입니다. 예수 그리스도의 능력은 우리의 상상보다 훨씬 강하니까요.

쉬며
읽으며
쓰며

🥬 지금 나를 가장 두렵게 하는 상황은 무엇인가요?

🥬 과장된 부분이 반드시 있을 거예요. 찾아볼까요?

나만의 아름다운 공백

지금 당장 떠오르는 생각을 가볍게 끄적여 보세요.
그림도 좋아요. 낙서도 좋아요.

보이지 않는 사생애 30년

크리스마스가 다가오면 어린 시절부터 떠오르는 의문이 있었습니다. '예수님은 왜 어른으로 오시지 않았을까?' 하나님의 능력으론 충분히 가능한 일이었을 텐데 말입니다. 공생애 3년을 위해 인간으로 사신 30년이란 시간은 아주 많은 낭비처럼 보였습니다. 소년 예수를 잃어버린 사건을 제외하고는 성경에는 어린 시절 예수님에 대한 기록도 거의 없습니다. 성경도 기록하지 않을 그 긴 인생을 왜 굳이 더러운 인간의 땅에서 사셨을까요.

예수님은 우리를 구원하실 목적으로 이 땅에 오셨습니다. 그런데 예수님의 오심은 목적 달성만을 위한 정주행이 아니었습니다. 기록되지 않아 드러나지도 않을 30년은 동행이자 겪음이고 견딤이었습니다.

　나이가 들수록 - 이미 공생애 3년에 너무도 감동하지만 - 예수님의 사생애 30년이 때로 더 큰 은혜가 됐습니다. 굳이 그러지 않아도 되는 낭비 같은 30년을 나처럼 살아내심이, 나처럼 이 세상에 머무심이, 나를 위해 그 시간을 견뎌주심이 눈물 나게 감사했습니다.

　말 밥그릇에서 시작된 아기의 인생은 공생애만이 아닌 사생애까지 모두 우리를 위한 것이었습니다. 내 삶이 지칠 때 아기로 오신 예수님은 그렇게 겪어내신 삶으로 '내가 너를 안다'고 위로하시는 가장 강력한 주님의 음성이 되셨습니다. 그 예수님을 사랑합니다.

**쉬며
읽으며
쓰며**

🍃 나의 평범한 인생도 누군가에게 감동적인 위로가 될 수 있다는 생각을 해본 적이 있는지요?

🍃 대단한 희생이 보이지 않는다고 나를 사랑하지 않는 것은 아닙니다. 나를 그렇게 사랑해주는 사람이 있나요?

🍃 업적은 강렬하지만 동행은 따뜻합니다. 복음은 이 두 가지를 다 품고 있습니다. 예수님은 구원만 가지고 오시지 않았습니다.

나만의 아름다운 공백

지금 당장 떠오르는 생각을 가볍게 끄적여 보세요.
그림도 좋아요. 낙서도 좋아요.

24시간의
매듭

하나님께서 천지를 창조하실 때 가장 먼저 하신 일은 빛을 만드신 것입니다. 하나님 보시기에 좋았던 그 빛을 하나님은 낮이라 부르시고 어둠을 밤이라 부르셨습니다. 어두움을 따로 두지 않으셨으면 참 좋으련만, 낮과 밤이 있고 빛과 어둠이 존재하게 됐습니다. 그렇게 한번 오고 간 낮과 밤, 빛과 어둠은 하루가 됩니다. 그 똑같은 하루의 반복이 365일이 되어 우리는 한 해를 지내게 됩니다. 그리고 우리는 또다시 커다란 1년이라는 기한 앞에 서곤 합니다.

하나님의 시간은 끝도 없이 영원히 흐르는 것인데 왜 '하루'라는 기한을 인간에게 두셨을까요. 하나님은 우리에게 기회를 주신 것입니다. 하루가 지났으니 그간의 고통과 슬픔은 잊어버려라. 그리고 하루를 줄 테니 소망을 가지고 다시 시작하라고요.

　우리는 인생의 낮만 계속되길 원하지만 때로 인생의 밤을 만납니다. 그럴 때마다 하나님은 24시간의 매듭을 통해 언제든 너는 하루라는 과거를 보내버리고 하루라는 미래를 다시 맞을 수 있다고 말씀하십니다. 그렇게 오늘도 낮에 일하고 밤에 쉬게 하시며, 상처의 지난날을 단절시켜버리고 새날의 희망을 주십니다. 너무 좋으신 하나님이십니다.

쉬며
읽으며
쓰며

🍃 내가 단절해 버리지 못한 아픈 기억은 무엇이 있을까요?
    적어 내려가는 순간 내 안에서 나와 주님이 가져가실 줄 믿습니다.

🍃 하나님은 오늘 내가 어떤 마음으로 시작하기 원하실지요.

나만의 아름다운 공백

**지금 당장 떠오르는 생각을 가볍게 끄적여 보세요.
그림도 좋아요. 낙서도 좋아요.**

인생은
노래다

얼마 전 TV를 통해 아이유의 '밤편지'라는 노래를 양희은 씨가 부르는 것을 보았습니다. 똑같은 노래인데 그 맛이 얼마나 다른지 마치 다른 곡처럼 들렸습니다. 아이유가 부르는 속삭이는 듯한 첫사랑의 느낌의 곡이 양희은 씨를 통해 삶의 깊은 회한과 그리움이 묻어나는 듯해 눈물까지 흘렸습니다. 각자가 가진 그만의 독특한 음색과 삶의 경험, 철학과 노력이 결집되어 같은 노래가 전혀 다른 아름다움으로 빛났습니다.

인생도 신앙도 노래와 같습니다. 누가 부르느냐에 따라 그 맛과 아름다움이 전혀 다릅니다. 누군가의 모창을 하면 결국 그건 자신의 노래가 아니라 다른 사람의 노래가 됩니다. 노래는 나의 것으로 노래해야 합니다. 나만의 목소리로 말이죠.

　노래는 부를 때 가장 아름답습니다. 악보만으로 노래라 하지 않는 것처럼 신앙도 그러합니다. 공부만 하고 실천하지 않는 신앙은 수십 년 동안 부르지 않고 악보만 교정하고 있는 것과 같습니다. 조금 틀리더라도 부를 때 비로소 노래가 되듯이 조금 부족해도 실천해야 신앙이 되고 인생이 됩니다.

　나만의 것을 가장 소중히 여기십시오. 당신만이 부를 수 있는 노래가 있답니다.

쉬며
읽으며
쓰며

🌿 남의 인생, 남이 가진 것을 부러워하거나 흉내 내고 싶었던 적이 있었나요? 어떤 점이 부럽던가요. 누구처럼 살고 싶었나요.

🌿 내가 살아온 인생은 누구도 흉내 낼 수 없습니다. 그래서 소중한 것이지요. 그 흔적이 고통이었다면 그보다 더 깊은 울림은 없을 것입니다. 당신은 어땠나요?

나만의 아름다운 공백

지금 당장 떠오르는 생각을 가볍게 끄적여 보세요.
그림도 좋아요. 낙서도 좋아요.

반찬이 짜네요

 한 엄마가 이웃에 새로 이사 온 아기 엄마에게 반찬을 좀 만들어서 나누었습니다. "아기 키우느라 얼마나 힘드세요." 하며 반찬을 주자 "어머! 이런 귀한 반찬을 다 주시고 너무 감사합니다."라며 눈물이 그렁그렁했습니다. 그 모습이 안쓰러워 밑반찬을 만들 때마다 조금씩 더 만들어서 일주일에 한 번씩 옆집에 가져다주었습니다. 그때마다 아기 엄마는 정말 감사해하며 빈 그릇을 전해 주곤 했죠.

 그러던 어느 날인가 무덤덤한 얼굴로 이러는 겁니다. "근데 반찬이 좀 짜네요." 그리고 그다음 주에는 "하루 늦으셨네요." 하더랍니다. 그러다 그다음 주에는 몸이 아파 반찬을 하지 못하고 넘어가자 엘리베이터에서 "이번 주는 제 반찬은 안 하시나요?"라고 물었다고 합니다.

　사람들은 자신이 누리는 복이 반복되면 당연하게 여깁니다. 그리고 그것에 대해 투정하기 시작하고 복이 없어지면 원망합니다. 마치 그 복이 원래 자신의 권리였던 것처럼 말입니다.

　하나님이 우리에게 주신 모든 복도 마찬가지입니다. 어느 것 하나 당연한 것이 없는데 말입니다. 하나님의 호의가 나의 권리처럼 되어버렸습니다. 오늘 당신은 무엇에 불평하고 계시나요. 반찬이 짜던가요?

쉬며
읽으며
쓰며

🥬 내가 누군가에게 호의를 베풀었는데 괘씸하게 나온 적이 있나요?

🥬 나에게 호의를 베풀어준 사람들을 떠올려보세요. 그때 나의 태도는 어땠나요?

🥬 오늘 내가 당연하게 누리고 있는 하나님의 '호의'는 뭐가 있을까요.

나만의 아름다운 공백

지금 당장 떠오르는 생각을 가볍게 끄적여 보세요.
그림도 좋아요. 낙서도 좋아요.

초라함에서
존귀함으로

사람이 살다 보면 내가 하는 일에 회의를 느낄 때가 있습니다. 거창해 보이고, 멋진 일을 하는 사람들도 많겠지만 거의 대다수의 사람이 하는 일들은 작은 일들의 반복인 경우가 더 많습니다. 다람쥐 쳇바퀴 돌듯이 직장생활을 하다 보면, 혹은 매일 똑같이 청소 빨래 밥을 차리다 보면 문득 회의감에 빠집니다. '이게 뭐지?', '내가 하는 일이 의미가 있을까?'라고 말입니다. 나는 평생 이렇게 의미 없는 종종거림의 삶을 사는 것은 아닌지, 이런 삶이 무슨 가치가 있는지.

벽에 걸린 시계 안에도 이런 삶이 존재합니다. 초침의 운명은 얼마나 기구한지, 초침이 60바퀴를 돌면 그제야 분침은 한 바퀴를 돌고, 분침이 한 바퀴를 돌 때 시침은 겨우 한 칸을 움직입니다. 하루 종일 시침이 겨우 두 바퀴를 돌 때 초침은 무려 1,440바

퀴를 그 가녀린 몸으로 돌아야 합니다. 세상 불공평함이 이 시계 안에 들어있습니다. 그럼에도 낙망할 필요가 없는 것은 이 가녀린 초침이 움직이지 않는 한 시침은 절대로 한 칸도 나아갈 수 없다는 것입니다.

 존재의 의미는 그 단 한 걸음만으로도 일순간 위대해질 수 있습니다. 그러니까 당신의 종종거림도 의심할 여지없이 귀한 것이랍니다.

쉬며
읽으며
쓰며

🍃 나는 살면서 언제 회의가 드나요.

🍃 오늘 내가 걸어야 할 그 '한 걸음'은 무엇일까요?

나만의 아름다운 공백

지금 당장 떠오르는 생각을 가볍게 끄적여 보세요.
그림도 좋아요. 낙서도 좋아요.

나의 자녀는
별이다

 자녀를 키우다 보면 인간으로서의 한계를 참 많이 느끼게 됩니다. 나의 생각과는 다르게 커가는 자녀를 보면서 대부분의 부모는 당황하고 혼란스럽고 때로 고통스럽기도 합니다. 그리고 지낸 세월만큼 서로를 알아가고 이해해가며 우리는 진짜 하나님의 선물로서의 가족이 되어갑니다. 하지만 쉽지 않은 길입니다.

 자녀는 별과 같습니다. 별은 각각 저마다의 색깔을 가지고 있지요. 어떤 별은 보라색, 어떤 별은 초록색, 또 어떤 별은 까만색… 셀 수 없습니다. 때문에 우리는 자녀를 향해 '너는 왜 그런 색이니?', '너는 왜 심지어 색이 변하니?', '너는 왜 다른 별에는 없는 띠를 가지고 있니?', '너는 왜 그렇게 작니?'라고 말할 수 없습니다. 그들도 이유를 모르니까요.

　또한 그들은 자신만의 궤도를 가지고 있습니다. 때문에 '너는 왜 그렇게 좁게 도니?', '너는 왜 그렇게 멀리 도니?'라고 말할 수 없습니다. 그들은 그들만의 궤도로 자신을 증명하며 살아가는 것입니다.

　하나님이 만드신 그들만의 독특한 색채를 있는 그대로 바라보고 음미할 때만 우리는 그 별의 아름다움을 누릴 수 있습니다. 그가 왜 그 색깔의 별인지는 하나님만이 아실 뿐 그의 선택이 아닙니다. 다만 내가 받은 선물을 온전히 기뻐하고 감사하며 인정할 때 자녀는 나에게 별이 되어 안겼습니다. 가장 신비한 축복으로.

쉬며
읽으며
쓰며

🌿 자녀들이 이해가 가지 않아서 미웠던 적이 있나요? 나를 이해해주지 못하는 부모를 미워한 적은요?

🌿 고양이와 꽃은 비교할 수 없는데, 우리는 종종 사람을 비교합니다. 그래서 불행해지죠. 그런 경험이 있나요?

나만의 아름다운 공백

지금 당장 떠오르는 생각을 가볍게 끄적여 보세요.
그림도 좋아요. 낙서도 좋아요.

새로워지려면
혼란을 즐겨라

 우리는 살면서 지루해질 때마다 새로운 것을 추구합니다. 혹은 일을 할 때 기능적으로 발전하기 위해 새로움을 추구합니다. 그런데 새로운 것들은 언제나 기존의 틀을 깨려고 합니다. 기존의 틀이 깨져야 새로워질 수 있으니 당연한 이치겠지요.

 그런데 아이러니하게도 인간은 새로운 것은 원하지만 안정된 기존의 틀을 깨는 것을 매우 두려워합니다. 새로워지고 싶지만 기존의 틀과 패턴은 깨고 싶지 않다는 겁니다. 그래서 새로움에 실패합니다.

 새로운 취미는 나의 일상에서 시간을 빼앗습니다. 지출을 만들고 행동반경에 변화를 가져오고 생활 사이클을 바꿔야 합니다. 일종의 혼란입니다. 이처럼 새로운 것은 기존 사이클을 침해합니다. 그래서 정신적 육체적으로 불필요한 에너지를 소모시킵니다.

우리의 정리본능 때문이지요. 고민하기 싫고, 안정적 틀로 회귀하고 싶어집니다. 실은 이 두 싸움에서 무엇이 승리하느냐가 관건입니다. 싱그러운 새로움은 언제나 혼란이라는 대가를 지불할 때, 도전과 모험이라는 리스크와 함께 옵니다.

새로워지려면 혼란을 즐기십시오. 고정적이고 안정적인 사이클은 금방 매너리즘의 친구가 될 것입니다. 새로움과 안정이 함께 앉을 자리는 없습니다.

쉬며
읽으며
쓰며

🌿 새로운 도전을 원하지만 포기했던 적이 있나요?

🌿 새로움을 위해 내가 깨버려야 할 사이클은 무엇이 있을까요.

나만의 아름다운 공백

지금 당장 떠오르는 생각을 가볍게 끄적여 보세요.
그림도 좋아요. 낙서도 좋아요.

'지금까지 나는 잘 살아왔나?',
'앞으로 나는 무엇을 해야 할까?'
이같은 질문이 마음에서 떠나지 않는다면,
그때가 바로 하나님의 초대장을 받은 때입니다.

'투머치'가 나를
망하게 한다

인간은 한계를 가지고 있습니다. 하나님은 6일을 일하고 하루를 쉬라고 명하셨습니다. 그런데 우리는 쉴 수가 없습니다. 내가 처리해야 할 일이 너무 많기 때문이지요.

내 삶이 망가지는 것은 내가 할 수 있는 역량을 넘어서는 너무 많은 일들 때문입니다. 나의 체력을 넘어서는 많은 일, 내 영성을 넘어서는 많은 일, 내 시간을 넘어서는 많은 일, 내 정신적 여력을 넘어서는 많은 일. 내 재력을 넘어서는 많은 일, 일, 일.

그렇게 일해서 더 많은 재력을, 더 많은 능력을, 더 많은 영성을 가지려 합니다. 미래의 여력을 갖기 위해 현재의 모든 여력을 다 닳아 없애는 삶은 언제 끝낼 수 있을까요. '지금'으로는 부족하기 때문에 미래의 더 나은, 더 여유 있는 삶을 기대하면서 지금

죽도록 일하는 삶은 정말 옳은 것일까요. 아니면 지금 내 체력, 내 영성, 내 시간, 내 재력, 내 마음에 맞게 일을 줄이는 것이 맞을까요.

지금 나의 하루가 투머치라면 한번 멈추고 생각해보세요. 나는 지금 더 나은 삶이라는 신기루 앞에서 오늘 나의 건강을, 나의 마음을 촛농처럼 다 태워버리고 있지는 않은지. 오늘 당신의 하루는 소중합니다. 그날들이 모여 미래가 되니까요.

쉬며
읽으며
쓰며

🍃 오늘 나에게 투머치한 영역이 있다면 무엇일까요?

🍃 미래에 대한 두려움 때문에 오늘을 망가뜨리고 있지는 않은지요.

나만의 아름다운 공백

지금 당장 떠오르는 생각을 가볍게 끄적여 보세요.
그림도 좋아요. 낙서도 좋아요.

똑같은 곳에서
다른 세상으로

 일주일 내내 나는 카페에서 일을 합니다. 외부 집회 사역이 없는 시간에는 어김없이 카페에서 글을 쓰는데, 글을 쓰든 쓰지 않든 오전 10시부터 오후 3시까지는 무조건 카페에 앉아있습니다. 카페는 내게 일터이고 회사입니다. 일정 시간이 지나면 새로운 카페를 찾아 전전하기도 합니다. 나름 새로움을 찾지만 창밖의 전경과 상관없이 언제나 나에게 카페는 노트북을 놓는 책상과 조금 나은 커피가 있는 곳일 뿐 별반 다르지 않습니다.

 그러던 어느 눈 오는 날 새로운 카페를 방문했습니다. 그곳에는 허름한 모습의 생뚱맞은 소파 하나가 있었습니다. 어색하게 따로 놓인 소파는 창문을 바라보게 되어 있었는데, 화장실을 지나다 문득 그 소파에 앉았습니다. 그리고 새로운 세상에 들어가게 되었습니다.

　마치 펜션에 온 것처럼, 여행 온 것처럼 평안이 몰려왔습니다. 앉는 순간 푹신하게 빨려 들어가는 느낌과 함께, 일하는 카페가 아닌 쉬러 온 카페로 변신했습니다. 곧 머리를 기대고 눕다시피 앉아 5분의 깊은 안식을 누렸습니다.

　왜 몰랐을까. 똑같은 곳에서 전혀 다른 마음으로 가장 안락한 쉼을 얻을 수 있음을. 그 5분의 안식은 5분의 임재와 같은 휴식이 될 수 있음을. 장소가 문제가 아니라 마음이 문제였습니다. 일을 지우고 나에게 쉼을 허락하는 그 마음 5분 말입니다.

쉬며
읽으며
쓰며

🍃 나를 쫓고 있는 것은 나 아닌가요?

🍃 일을 생각하지 않고 쉴 수 있는 5분의 마음을 가져보면 어떨까요?

나만의 아름다운 공백

지금 당장 떠오르는 생각을 가볍게 끄적여 보세요.
그림도 좋아요. 낙서도 좋아요.

나의 영혼을
덥석 끌어안다

나는 어릴 적부터 등산을 잘하지 못했습니다. 등산할 때 나 같은 사람의 어려움은 저만치 먼저 가던 사람들이 나를 기다려주다 내가 도착하자마자 또 가버린다는 것입니다. 죽을힘을 다해 따라가도 결국 잠깐의 쉼도 없이 또 따라가야 하는 지경이 됩니다.

오래전 들은 이야기입니다. 원주민의 안내를 따라 오지를 탐험하던 백인들이 일정이 빠듯하여 무리하게 길을 갔다고 합니다. 그렇게 3일 길을 가자 원주민들이 자신들은 갈 수 없다며 버티더라는 거죠. 이유를 물으니 '나의 영혼이 아직 나를 따라오지 못했다.'라고 했답니다. 나는 이 말이 가슴에 꽂혔습니다.

내 인생 얼마나 많은 순간 나의 영혼이 나를 따라오지 못했는데도 강행군했던가. 어느 순간 문밖에서 문을 두드리는 지친 나를

발견합니다. 비 맞고 고단하여 쉴 곳을 찾는 나의 영혼의 두드림 앞에 참 많은 순간 매정했습니다. 내 안의 내가 힘들다고 외쳤건만, 아주 오래 무시했습니다.

 이제 문을 활짝 열고 덥석 안아수며 더 이상 혹독하게 몰아치지 않을 테니 안심하고 쉬라고 말해줘야 합니다. 나의 몸과 나의 영혼이 하나 되어 다시 출발할 수 있을 때까지 말입니다. 남들의 이해를 구하기보다 가장 먼저 내가 나를 책임 있게 돌보아야 합니다. 나를 가장 잘 아는 건 결국 남이 아니라 나니까요.

쉬며
읽으며
쓰며

🍃 내 안의 내가 문을 두드리며 들어가 쉬고 싶다고 한 적은 없나요.

🍃 어린 시절의 '나'이든 장성한 '나'이든 당신에게 도움을 요청할 때 따뜻하게 안아주세요.

나만의 아름다운 공백

지금 당장 떠오르는 생각을 가볍게 끄적여 보세요.
그림도 좋아요. 낙서도 좋아요.

오늘 찾아야 할
좁은 문

"좁은 문으로 들어가라. 멸망으로 인도하는 문은 크고 그 길이 넓어 그리로 들어가는 자가 많고, 생명으로 인도하는 문은 좁고 길이 협착하여 찾는 자가 적음이라" (마 7: 13, 14)

신앙은 좁은 문을 선택하는 것입니다. 좁은 문은 불편한 길, 고난의 길이라고 들어왔습니다. 그런데 사실 지금 기독교인들이 사는 길은 좁다고 하기도, 불편하다고 하기도 석연치 않습니다. 주를 위해 고난의 길을 걷는 것은 너무 어려운 일이니 아예 나와 상관없는 일이라 포기하고 사는 것은 아닌지요. 과연 현대를 살아가는 신앙인에게 좁은 문과 협착한 길은 무엇일까요.

어쩌면 쉽게 갈 수 있고, 편법을 행하는 것이 지혜인 시대에서 어리석을 만큼 정직한 선택, 다른 사람을 재끼고 빨리 갈 수 있지만 양보하고 천천히 가는 삶, 누릴 수 있지만 남을 돕느라 누릴 것을 포기한 소박한 삶, 나의 번듯한 성공이 아니라 인정받지 못해도 남을 잘되게 하는 선택.

 이런 선택의 삶이 좁은 문이고 협착한 길로 가는 건 아닐까요. 선교사가 되고 목사가 되는 길이 좁은 문이 아니라 매일의 정직한 선택이 좁은 문일 겁니다.

쉬며
읽으며
쓰며

🌿 신앙으로 인해 내가 불편을 선택하는 경우는 어떤 때일까요.

🌿 하나님이 내게 원하시는 삶을 상상해 보세요. 내가 원하는 삶과 어떻게 다른가요?

나만의 아름다운 공백

지금 당장 떠오르는 생각을 가볍게 끄적여 보세요.
그림도 좋아요. 낙서도 좋아요.

봄보다
찬란한 당신

 봄이 되면 자살률이 더 높아진다는 기사를 본 적이 있습니다. 이유가 어찌 되었든 참으로 가슴 아픈 일입니다. 하필 찬란한 봄, 생명이 시작되는 봄에 삶을 포기하는 사람들이 더 늘어난다는 것은 아마도 상대적 빈곤감이 극대화되기 때문일 것입니다.

 삶을 포기하고 싶을 만큼 고통스러웠던 때가 있었습니다. 그때 알았습니다. 죽어야겠다고 마음먹은 사람들에게는 오직 고통을 멈추어 버리겠다는 결단 말고는 아무것도 마음에 와닿지 않는다는 것을. 산 사람들의 수많은 이유로는 설득당하지 않는다는 것을 말입니다. 그 절벽 끝에서 설득당한 하나님의 말씀은 '이 방법으로는 고통을 끝낼 수 없다.'는 것이었습니다. 그때는 몰랐습니다. 나에게 미래가 있다는 것을요. 살아있어야 하나님이 이 고통을 끝내주실 수 있다는 것을 말입니다.

   우리는 누구나 예상하지 못한 방식으로 찾아오는 인생의 고통을 어떻게 처리할 줄 몰라 당황하곤 합니다. 누구나 그렇습니다. 그런데 나만 그런 줄 알고 하나님이 일하실 기회를 스스로가 성급히 끊어버리려 합니다. 조금만 더 시간을 주세요.

   내 봄이 조금 더디 올 뿐이라는 것을 믿고, 내가 봄보다 더 찬란하게 아름다운 인생이라는 것을 믿고, 하나님께 이 고통을 멈출 기회를 드려보면 어떨까요. 꼭 그리하실 것입니다.

쉬며
읽으며
쓰며

🌿 지금 당신을 고통스럽게 하는 것이 있는지요.

🌿 성급하게 단정 짓기보다 조금 시간을 두고 바라보면 어떨까요.

나만의 아름다운 공백

지금 당장 떠오르는 생각을 가볍게 끄적여 보세요.
그림도 좋아요. 낙서도 좋아요.

실수도
권리다

 인생을 살면서 우리는 많은 실수를 저지르고 삽니다. 내 인생을 위기에 빠뜨리는 큰 실수에서 그저 웃고 넘어갈 작은 실수까지. 때로 큰 손해를 감당하면서 더 깊이 마음에 새기게 됩니다. 그러면서 배우게 됩니다. 다시는 이런 실수를 하지 않기 위해 조금 더 신중해지고, 성숙해지는 것입니다.

 부모들이 유독 자식들의 실수에 민감한 경우가 있습니다. 그들은 언제나 자식들에게 과도하게 개입하며 "내가 했던 실수를 반복하지 않게 하려고"라고 말합니다. 내가 실수해보니, 너무 힘들고 아파서 내 자식들만큼은 탄탄대로를 걷게 해주고 싶다는 것이죠. 그러나 그렇게 탄탄대로만을 경험한 아이들은 과연 행복할까요? 자신들의 길을 잘 찾아갈 능력이 생길까요?

답은 '그렇지 않다'입니다. 자신의 실수를 통해 깨달음을 쌓아가지 못하면 훈련받지 못한 선수처럼 실전에서 무너지게 됩니다.

한 선교사가 자신이 너무 존경하는 지혜로운 원로 선교사에게 물었습니다. "선교사님은 어쩌면 그렇게 지혜롭고 올바른 선택을 하게 되셨습니까?" 그러자 그 원로 선교사는 말했습니다. "수많은 잘못된 결정들이 나를 현명하게 만들었습니다."

아이들에게 실수할 수 있는 권리를 주십시오. 실수를 통해 실력을 쌓아갈 기회를 줘야 합니다.

쉬며
읽으며
쓰며

🌿 나는 다른 사람의 실수에 대해 어떤 반응을 보이나요?

🌿 최근 실수한 경험이 있나요? 그 일을 통해 나는 무엇을 배웠나요?

나만의 아름다운 공백

지금 당장 떠오르는 생각을 가볍게 끄적여 보세요.
그림도 좋아요. 낙서도 좋아요.

걱정의 무게가
삶보다 더 무겁다

 중세의 한 기사가 먼 길을 떠나게 되었습니다. 잠잘 때 덮을 담요와 베개, 먹을 때 필요한 식기들, 불을 피울 장작과 싸움을 위한 무기들, 목마를 때 먹을 물과 수통, 먹을 충분한 양식 등 혹시 모를 일에 대비한 모든 것들을 챙기니 나귀에 싣고도 본인이 짐을 져야 하는 상황이 되었습니다. 그런데도 마음이 시원치 않아 햇빛을 가릴 모자와 여분의 옷을 더 충분히 챙겨서 길을 떠났습니다.

 그러다가 얼마 안 가서 개천을 가로지르게 되었습니다. 개천에는 나무로 만든 오래되어 보이는 다리가 있었습니다. 그가 나귀와 함께 그 다리를 조심조심 건너는 도중 다리는 그 짐의 무게를 이기지 못하고 무너져버렸습니다. 개천에 빠지는 순간 기사는 이렇게 외쳤습니다. "젠장, 배를 준비했어야 해!"

　과연 배를 준비했어야 하는 걸까요? 짐을 줄였어야 하는 걸까요? 우리가 때로 무너지고 좌절하는 것은 너무 많은 준비와 쌓은 짐 때문은 아닐지 돌아볼 필요가 있습니다. 배를 준비하지 못해서 실패한 것이 아니라, 준비하느라 너무 많은 시간과 무거운 짐을 모았기 때문일 수도 있습니다.

　이제 조금 가벼운 마음으로 하나님의 손을 잡고 길을 떠나보는 것은 어떨까요. 걱정이 삶보다 더 무겁지 않게 말입니다.

쉬며
읽으며
쓰며

🌿 나는 여행을 갈 때 짐을 많이 챙기는 타입인가요 아니면 적당히 가는 타입인가요.

🌿 준비가 버거워 정작 시작도 못 한 일들이 있다면 준비를 좀 줄여보는 건 어떨까요.

나만의 아름다운 공백

지금 당장 떠오르는 생각을 가볍게 끄적여 보세요.
그림도 좋아요. 낙서도 좋아요.

잘 지는 법을
배우라

운전을 하면서 기독교 방송을 틀어 놓으면 자주 듣는 광고가 있었습니다. 아마도 대안학교와 같은 교육기관의 광고인 듯했는데, 거기서 자주 등장하는 멘트가 '당신의 자녀를 리더로 키우세요.'였습니다. 나는 이 멘트를 들을 때마다 늘 마음이 불편했습니다.

'왜 꼭 나의 자녀를 리더로 키워야 할까? 언제부터 한국의 부모는 자녀를 모두 리더로 키우게 되었을까? 그러면 대체 팔로워는 누가 하는 걸까?'라는 의문이 들었습니다. 이 의문은 꼬리에 꼬리를 물곤 했습니다. '그러면 리더만 훌륭한 인생인가? 리더가 못되면 실패한 인생인가?' 결국 리더는 소수이고, 따르는 사람들이 다수인데 말입니다.

 성경은 우리에게 리더가 되라고 명령하지 않습니다. 그런데 우리는 하나님의 영광을 위해 리더가 되어야 한다고 믿습니다. 어쩌면 우리 교육은 여기서부터 잘못되었는지도 모릅니다. 따르는 법을 가르치지 않았고, 지는 법을 알려주지 않았습니다. 그래서 자신이 리더가 안 되면 절대 순순히 따르지 않고, 스스로 투서라 여깁니다. 극소수의 승리자와 절대다수의 루저를 만들어 버리는 것이죠. 그래서 시기하고 질투하고 좌절합니다.

 잘 따르고 협력하는 것이 멋진 일이라는 걸 가르쳐야 합니다. 잘 지는 법을 알려줘야 합니다. 잘 따르는 법, 잘 지는 법이 훨씬 더 성경적이라는 걸 부모가 먼저 알았으면 좋겠습니다.

쉬며
읽으며
쓰며

🌿 내가 리더가 되지 못했을 때 자신을 루저라고 자책한 적은 없나요?

🌿 따르는 자의 아름다움, 지는 삶을 여유 있게 받아들이는 법이 나에게, 혹은 자녀에게도 필요하지는 않는지요.

나만의 아름다운 공백

지금 당장 떠오르는 생각을 가볍게 끄적여 보세요.
그림도 좋아요. 낙서도 좋아요.

세상 멋있는 캐셔

신앙인으로서의 삶을 좀 바꿔보고자 『모든 성도는 이제 인대인이다』라는 책을 썼습니다. 이 책은 한마디로 사람을 소중히 여기자는 취지에서 쓴 책입니다. 교회 안에서만이 아니라 교회 밖에서 하나님이 선물로 허락하신 모든 사람에게 관심을 가지고 그들과의 동행을 시작하자는 것이지요. 그러다 보니 요즘은 마트, 카페, 식당, 어딜 가든지 모든 종업원을 예전같이 무관심하게 대하지 않습니다. 먼저 인사하고 그들의 눈을 바라보고 활짝 웃어주곤 합니다.

하루는 잘 다니지 않던 마트에 가게 되었습니다. 그날은 유난히 피곤했고 만사가 좀 귀찮았습니다. 여느 때처럼 계산대 직원과 인사하기가 조금 귀찮게 여겨졌습니다. 그래도 힘을 내어 인사를 하려는데 명찰을 보니 내 이름과 똑같은 것입니다. 그래서 인사

만 하려다가 "어머! 제 이름과 똑같네요. 반가워요!"라며 인사를 하자 그 캐셔의 대답이 나를 너무 놀라게 했습니다. "세상에서 가장 자랑스러운 이름이죠! 그쵸?" 한 번도 생각해보지 못한 말이었습니다. 내 이름이 세상에서 제일 자랑스럽다고? 너무 당황해서 그저 "네? 네…. 맞아요." 하고 웃으며 나왔습니다.

　난 하나님이 나를 사랑한다고 생각하면서도 왜 내 이름이 세상에서 제일 자랑스럽다고 단 한 번도 생각해본 적이 없을까? 겉으로 보기에 나는 최소한 그 캐셔보다 나은 삶을 사는 것 같은데도 나의 자존감은 그녀보다 못했던 것입니다. 그 캐셔의 당당함은 너무나 멋있었습니다. 자기 삶의 자리에서 자신의 존재를 멋지게 선포할 수 있는 자부심! 오늘 그 한 마디로 그녀는 나의 스승이 되었습니다.

쉬며
읽으며
쓰며

🌿 나의 이름은 얼마나 자랑스러운가요? 어쩌면 내가 제일 무시하지는 않는지요.

🌿 나의 당당함은 어디에서 올까요.

나만의 아름다운 공백

**지금 당장 떠오르는 생각을 가볍게 끄적여 보세요.
그림도 좋아요. 낙서도 좋아요.**

고통 앞에
자전거 타기

　어린 시절 자전거 타기에 실패했던 나는 대학생 때 다시 자전거를 배우게 되었습니다. 자전거를 배우면서 내가 정말 이해가 되지 않는 것이 있었는데, 그것은 자꾸 나더러 넘어지는 쪽으로 핸들을 돌리라는 것이었습니다. 뭔 소리를 하는 건지…. 내가 넘어지려 하는데 넘어지는 쪽으로 핸들을 돌리면 아주 작정을 하고 넘어지라는 소리인지 당최 이해가 되지 않았습니다.

　몇 번의 고집을 부려 내 뜻대로 하다가 매번 넘어졌습니다. 결국 이러다 평생 자전거는 못 배우겠다 싶어 미친 척하고 시키는 대로 넘어지는 쪽으로 핸들을 돌렸습니다. 신기하게도 오히려 균형이 다시 살아나 달릴 수 있었습니다. 자전거 타기가 익숙해지기까지 그 이후에도 넘어지는 쪽으로 핸들을 돌리는 건 여전히 두려웠습니다.

 인생에서 넘어지려고 할 때, 고통이 올 때, 그쪽으로 내 체중을 싣는 일은 두려운 일입니다. 본능적으로 고개를 돌리고 싶고 모른 척하고 싶습니다. 고통을 직면하는 것은 그만큼 괴로운 일입니다. 그러나 회피해서 이길 수 있는 고통은 없습니다. 어려운 일이 올 때마다 자전거 타기를 떠올려 보면 어떨까요. 누려운 마음에 너무 천천히 가려 하면 더 넘어진다는 것. 넘어지는 방향의 반대로 성급히 핸들을 틀면 아주 확실하게 넘어진다는 것을요.

 고통을 외면하지 말고 한번 마주해 보십시오. 나의 체중을 고통을 향해 실어보십시오. 번번이 고통에 지고 실패했다면 이번엔 직면함으로 다시 힘을 얻고 일어날 수 있을지도 모릅니다.

쉬며
읽으며
쓰며

🌿 고통이 올 때 나의 본능적인 반응은 어떠한가요?

🌿 앞으로 나에게 문제가 일어날 때 지금과 다르게 대응한다면 어떻게 하는 것이 좋을까요?

나만의 아름다운 공백

지금 당장 떠오르는 생각을 가볍게 끄적여 보세요.
그림도 좋아요. 낙서도 좋아요.

이제 조금 가벼운 마음으로
하나님의 손을 잡고 길을 떠나보는 것은 어떨까요.
걱정이 삶보다 더 무겁지 않게 말입니다.

죽음을
기억하는 삶

얼마 전 친구의 아버님께서 소천하시고 함께 마음을 위로하던 과정 중에 죽음을 훨씬 더 가까이 느낄 수 있었습니다. 이제 부모님들을 떠나보내야 하는 과정과 나의 늙어감에 대한 자각, 어떻게 잘 죽을 것인가에 대한 고민 등 죽음에 대한 대화를 깊이 있게 나누었습니다.

마지막을 생각하며 산다는 것은 결코 비참한 것이 아닙니다. 오히려 오늘을 더욱 소중하게 살 수 있는 아주 강력한 원동력이 될 수 있습니다. '젊음은 젊은이에게 주기에 너무 아깝다.'라는 말을 늘 새깁니다. 아마도 이런 말이 있는 것은 젊음이라는 시간의 소중함에 비해 그들이 그 가치를 잘 알지 못하기 때문일 겁니다. 그러나 그 말은 어느 연령이나 다 되새겨야 할 말이라고 생각합니다. 왜냐하면 오늘이 내가 살아있는 동안 제일 젊은 날임을 우리는 너무 쉽게 잊으니까요.

  믿는 자들에게 죽음은 끝이 아니라 부활로 이어지는 시작입니다. 그렇다고 이 땅에서 아무렇게나 살 수는 없습니다. 제한된 인생, 이 땅의 죽음을 기억하면서 오늘이 더욱 소중해졌습니다. 마지막을 생각하니 오늘 만나는 사람이 더 사랑스럽습니다. 남은 날 중 가장 젊은 오늘을 생각하니 더 감사하고 기쁘게 여겨집니다. 죽음을 기억하는 것은 오늘을 더 빛나고 가치 있게 하는 것입니다.

쉬며
읽으며
쓰며

🍃 죽음을 너무 외면하고만 살고 있지 않나요? 인생의 마지막 날을 생각해 본 적이 있는지요.

🍃 만약 오늘이 나의 마지막 날이라면 나는 무엇을 하고 싶은가요. 그 소중한 것들을 적어볼까요?

나만의 아름다운 공백

지금 당장 떠오르는 생각을 가볍게 끄적여 보세요.
그림도 좋아요. 낙서도 좋아요.

하나님의 뜻 알아차리기

미국의 인디언 원주민 친구를 둔 뉴요커가 친구를 뉴욕으로 초대했습니다. 둘이 길을 가고 있는데 인디언 친구가 "잠깐! 어디선가 귀뚜라미 소리가 들리는 것 같아."라고 하자 뉴요커 친구는 "무슨 말도 안 되는 소리야. 뉴욕의 길 한복판에 무슨 귀뚜라미가 있겠니. 설령 있다 해도 그게 들리겠냐?"라고 말했습니다. 하지만 인디언은 소리가 나는 쪽으로 찾아가더니 풀이 조금 나있는 곳에서 진짜 귀뚜라미를 발견했습니다. 뉴요커 친구는 놀라며 "너 청력이 정말 대단하구나!"라고 칭찬했습니다.

그러자 인디언 친구가 "잠깐만 기다려봐."라고 하더니 주머니에서 동전을 꺼내 길에 던졌습니다. "땡그랑~" 동전이 떨어지는 작은 소리와 함께 주변에 있던 모든 뉴요커들이 돌아서서 동전을 찾기 시작했습니다.

인디언은 자연의 소리에, 뉴요커들은 돈에 관심이 있었던 게죠. 우리도 관심 있는 소리에만 귀를 기울이고 살고 있습니다. 내 귀에 잘 들리는 것에 나는 마음을 주고 있는 것입니다.

하나님의 뜻을 알기 원한다고 생각하지만 어쩌면 사실 우리는 하나님의 뜻에 그다지 관심이 없을지도 모릅니다. 당신은 어떤 소리에 반응하나요?

쉬며
읽으며
쓰며

🌿 나는 정말 하나님의 뜻을 알기 원하는 것일까요? 혹시 진짜 관심 있는 영역은 따로 있는 건 아닐까요?

🌿 내가 알고 싶은 하나님의 뜻이 있다면 기도하며 귀를 기울여 보십시오. 어떤 기도제목이 있으신가요.

나만의 아름다운 공백

지금 당장 떠오르는 생각을 가볍게 끄적여 보세요.
그림도 좋아요. 낙서도 좋아요.

이혼 가정을
채워야 할 사랑

상대적 빈곤감. 그냥 있을 때는 잘 모르는데 누군가의 곁에 서면 스스로가 더 결핍을 확인하게 되는 때가 있습니다. 가정의 달인 5월이 오면 이혼가정은 더 마음이 어려워집니다. 이혼한 가정의 경우 가족 구성원들은 자신을 장기적으로 결핍된 상태라고 여깁니다. 어쩌면 사회적 인식이 결핍을 더 의식하게 만드는 것일 수도 있습니다. 물론 부모의 온전한 기능이 현저히 모자라게 되는 건 사실이지만 말입니다.

그러나 아버지와 어머니라고 하는 구성원의 결손보다 사랑의 부재가 더 큰 결손이라는 것을 알아야 합니다. 가정폭력에 시달리다 이혼한 가정이 있다면 이전보다 비록 구성원은 부족하게 되지만 비로소 사랑이 자리매김할 수 있는 꽉 찬 가정을 이룰 수 있습니다.

 겉으로 온전한 가정이라고 해서 부모의 사랑이 온전하다는 보장은 없습니다. 그러니 역으로 이혼한 가정도 여느 가정보다 행복할 수 있다는 소망을 가져야 합니다. 구성원을 채워야만 온전해진다는 상실감을 이겨야 합니다. 구성원이 중요한 게 아니라 남은 가족 간의 사랑이 중요합니다. 당신도 충분히 행복한 가정이 될 수 있습니다.

쉬며
읽으며
쓰며

🍃 가족 간의 사랑은 생각보다 어렵습니다. 그래도 노력할 가치가 있지 않을까요?

🍃 가족 구성원의 결손을 경험한 적이 있나요? 그때 무엇으로 채우려고 했나요?

나만의 아름다운 공백

지금 당장 떠오르는 생각을 가볍게 끄적여 보세요.
그림도 좋아요. 낙서도 좋아요.

평범의 특별함

"지금까지의 오랜 결혼생활 동안 아내가 차려준 식사는 셀 수 없이 많았습니다. 그중 너무나 훌륭한 나머지 도무지 잊히지 않는 음식들은 손에 꼽을 정도입니다. 하지만 나를 지탱해 준 것은 내가 기억도 하지 못하는 그 외의 수많은 끼니였습니다." 어느 노 목사님의 고백입니다.

우리가 살아가다 보면 기억에 두고두고 남는 순간들이 있습니다. 개학 첫날 두려움 반 기대 반으로 새 교실의 문을 살며시 열던 때라든지, 사랑했던 사람과 헤어져 종일 울기만 하던 시절이라든지, 아이가 태어나 처음으로 얼굴을 마주했던 순간 같은 것 말입니다. 하지만 '나'라는 사람을 다듬고 빚어온 재료는 어쩌면 우리가 기억조차 하지 못하는 평범한 일상과 소소한 순간들일지도 모릅니다.

　우린 무언가 특별하고 새로운 일들이 일어날 것을 기대하고, 그래야만 내 삶이 의미 있고 특별해질 거라 여깁니다. 하지만 내가 평범하게 흘려보내는 하루하루, 순간순간들은 나에게 생명을 주신 하나님께서 고르고 골라 허락하신 특별한 선물들입니다. 그리고 그것은 평범한 일상의 소중함을 아는 이들에게는 버릴 수 없는 나를 완성하는 소중한 퍼즐의 조각들입니다. 마지막 날 그것들이 맞추어질 때 내 삶의 큰 그림을 아름답고도 분명하게 보게 될 것입니다.

쉬며
읽으며
쓰며

🍃 새롭고 놀라운 일과 덤덤한 일상의 비중을 생각해보세요. 무엇이 더 중요할까요.

🍃 내 인생에 있어서 오늘은 버릴 수 없는 소중한 퍼즐 한 조각입니다. 오늘 내 인생 한 조각은 어땠나요?

나만의 아름다운 공백

지금 당장 떠오르는 생각을 가볍게 끄적여 보세요.
그림도 좋아요. 낙서도 좋아요.

가을의
소리

프랭크 만이라는 사람이 자신을 행복하게 만들어 주는 열 가지 소리에 대해 적었습니다. 멀리서 들려오는 기차 소리, 엄마가 갓난아기에게 이야기하는 소리, 맑은 가을날 낙엽 밟는 소리, 갈매기의 울음소리, 숲속에서 들리는 사냥개의 짖는 소리, 저녁노을 내리는 산속 연못의 적막한 소리, 추운 날 나무 타는 소리, 경기장에서 국가를 부르는 소리, 비행기 착륙 시 바퀴가 활주로에 닿는 소리, 아침에 듣는 아내의 목소리.

우리 한국인의 정서와는 또 다를 수 있겠습니다. 하지만 우리를 행복하게 해 주는 소리는 우리 일상에서 멀리 떨어져 있지 않다는 사실은 동일합니다.

   나뭇잎이 흔들리는 소리, 바다의 철썩거리는 소리, 무심코 들리는 새 소리, 집에 돌아온 가족이 대문의 비번 누르는 소리 등.

   무심코 지나쳐 버릴 수도 있는 이 소리에 잠시 멈춰 마음의 귀를 기울여 보십시오. 놀라운 일이 일어날 겁니다. 그 소리들은 우리를 행복하게 만들어 주고 감사의 이유들을 떠올리게도 해줍니다. 모든 순간, 모든 계절에 작고 미세한 고마운 소리들을 경청하고 누리는 시간이 되면 좋겠습니다.

쉬며
읽으며
쓰며

🍃 나를 행복하게 해 주는 소리는 어떤 것들이 있나요?

🍃 나의 하루 속에서 더 많은 좋은 소리를 찾아 적어 보세요. 앞으로 기억이 날 겁니다. 그리고 그 소리들을 가만히 느껴 보십시오.

나만의 아름다운 공백

지금 당장 떠오르는 생각을 가볍게 끄적여 보세요.
그림도 좋아요. 낙서도 좋아요.

자연스러움,
그것의 아름다움

 일에 지치거나 답답함이 오래 쌓이면 바다를 찾고 싶은 생각이 듭니다. 흐르는 강물을 바라보거나, 바람에 흩날리는 벚꽃 잎을 시간 가는 줄 모르고 지켜봅니다. 미국의 한 TV 프로그램에서 사람들이 제일 오랫동안 틀어놓고 보는 것이 모닥불이 타는 모습이라는 말을 듣고 놀란 적이 있습니다.

 왜일까요. 자연의 것들은 매 순간 다른 모습을 하고 있기 때문입니다. 그 순간의 바람과 돌부리와 모래와 물의 흐름에 따라 그들은 변화합니다. 단 한 순간도 동일하지 않습니다. 만약 기계처럼 똑같은 모습이라면 지루해서 아무도 쳐다보지 않을 겁니다.

 자연의 흐름처럼 예상할 수 없는 환경에 순응하며 변하는 모습은 아름답습니다. 그리고 우리는 그렇게 사는 법을 배워야합니다. 나이가 들면서 변화하는 세상에 대해 순응하지 않고 나의 경험만

강요한다면 우리는 어김없이 꼰대가 될 것입니다. 과거와 내 경험만을 고집하고, 내 생각에 제일 좋았던 때에 머물려 하면 우리는 점차 아름다움을 잃게 됩니다. 나이 드는 모습이 싫다고 끝없이 성형한 사람의 얼굴을 우리는 아름답다 하지 않는 것처럼요.

하나님께서 흐르게 하신 세월과 섭리에 순응하는 것은 아름다운 일입니다. 주인공의 자리에서 물러나도 괜찮습니다. 그때마다 주신 자연스러움 속에서 우린 여전히 아름다우니까요.

쉬며
읽으며
쓰며

🌿 나이가 들면서 나에게 변화된 것은 어떤 것이 있나요?

🌿 나는 그것에 저항합니까, 순응합니까, 혹은 발전합니까?

나만의 아름다운 공백

지금 당장 떠오르는 생각을 가볍게 끄적여 보세요.
그림도 좋아요. 낙서도 좋아요.

내 존재의 가치는
얼마일까

예수님의 죽음만큼 인간에게 큰 은혜는 없을 것입니다. 내가 죽었어야 하는데 대신 죽으신 그 사랑은 얼마나 위대한 것인가요. 그리고 그분이 신이라는 사실은 얼마나 우리를 놀라게 만드나요. 나도 무시하는 나, 누구도 그리 관심 갖지 않는 것 같은 나를 위해 신이 죽었습니다.

우리의 믿음은 때로 십자가를 믿는 믿음과 일치하지 않습니다. 나를 대신하여 예수 그리스도께서 죽으셨다는 사실을 그렇게도 확실히 믿는다면서 그런 나의 가치에 대해서는 때로 눈곱만큼도 인정하지 않으니까요. 나의 존재가 얼마나 소중한 존재인지에 대한 인정은 결국 예수님의 죽음이 증명하고 있는데 말입니다. 내 생명은 공짜가 아닙니다. 내 생명은 예수님과 맞바꾼 것입니다.

해마다 우리는 고난주간을 지나고 부활주일을 맞습니다. 그때마다 기억해야 할 것은 예수님의 희생과 사랑에 감동하는 만큼 나는 나를 소중히 여겨야 한다는 점입니다. 그 죽음이 헛되지 않은 삶이 무엇일까 고민해야 합니다.

예수님의 죽음을 통해 새롭게 얻은 나의 삶의 놀라운 값어치를 기억한다면 우리는 언제나 다시 일어날 수 있습니다.

쉬며
읽으며
쓰며

🥬 나는 어떤 때에 내가 소중한 존재임을 깨닫고 느끼나요?

🥬 주변의 누군가가 자신의 가치를 잘 모르거나 깎아내린다면 어떤 조언을 해주고 싶나요?

나만의 아름다운 공백

지금 당장 떠오르는 생각을 가볍게 끄적여 보세요.
그림도 좋아요. 낙서도 좋아요.

한문
56점

 학창 시절 나는 유난히 한문을 싫어했습니다. 아무리 외우려 해도 도무지 외워지지 않는 한문이 그저 답답하기만 했습니다. 그러던 고2 어느 날 대입시험에 한문이 들어가지 않는다는 말을 듣고 나는 한문을 놓아버렸습니다. 그러니 한문 점수가 말이 아니었죠. 중간고사를 보고 난 후였습니다. 담임선생님이 한문 점수 50점 미만 학생은 손바닥을 3대씩 맞는다고 하셨습니다. 해당하는 아이들이 차례로 맞고 들어오는데, 마지막으로 한 명이 더 있다며 선생님이 내 이름을 불렀습니다. '뭐지? 난 56점인데?'라고 의아해하며 앞으로 불려나갔습니다.

 선생님은 "너는 비록 50점이 넘었지만, 너의 기준으로 따지면 너는 최소한 80점은 맞았어야 해. 그래서 너는 손바닥을 맞는 거다."라며 30센티 자로 3대를 때리셨습니다.

　억울하지도, 속상하지도 않았습니다. 오히려 선생님이 나를 얼마나 사랑하시는지를 선명하게 느낀 날이었습니다. 선생님의 애정과 기대감, 관심을 느꼈으니까요.

　하나님도 그러시지 않을까요? 때로 나에게 엄격한 것 같고, 때로 내가 감당하지 못할 것 같은 일도 허락하시지만 그 안에는 우리를 자녀로 부른 부르심의 기대가 있는 것입니다. 세상과 똑같이 살면서 '나는 괜찮아.'라고 하향 평준화하지 않도록 나를 향한 하나님의 사랑과 관심을 항상 떠올려야겠습니다.

쉬며
읽으며
쓰며

🌿 내가 세상의 법을 어기지 않는다고 정말 잘 살고 있는 것일까요?

🌿 하나님이 나에게 가진 기대감이 있으시다면 어떤 것일까요?

나만의 아름다운 공백

지금 당장 떠오르는 생각을 가볍게 끄적여 보세요.
그림도 좋아요. 낙서도 좋아요.

줄수록
좋아진다

 옥수수를 키우는 두 농부가 있었습니다. 이 둘은 모두 최상의 씨앗을 가지고 열심히 농사를 지었습니다. 이 둘의 차이가 있다면 한 사람은 좋은 종자를 다른 사람들에게 나누어 주었고, 다른 한 사람은 자기만 간직하였습니다.

 세월이 지나면서 좋은 종자를 자꾸 나누어준 농부의 밭에는 좋은 옥수수가 늘 풍년을 이루었지만, 자기 혼자만 좋은 종자를 차지했던 농부의 밭은 이유를 알 수 없게 점점 수확이 줄어들고 그 좋던 종자마저 유지되지 않았습니다.

 어떤 사람이 좋은 종자를 늘 나누어주는 사람에게 물었습니다. "사람들은 자기의 좋은 종자를 나누어 주려고 하지 않는데 왜 당신은 좋은 종자를 늘 나누어 줍니까?" 그러자 그가 대답하기를

"옥수수밭에 바람이 불어서 꽃가루가 날리게 될 때 주변에 나쁜 종자들이 있으면 점차로 나쁜 종자의 영향을 받게 되지요. 좋은 종자를 나누어주면 서로 좋은 결과를 만들게 됩니다."라고요.

전도서에 "너는 네 떡을 물 위에 던져라 여러 날 후에 도로 찾으리라"(전 11:1) 하신 말씀처럼 돌아올 것을 기대하지 않고 베푸는 삶이 결국 나의 삶도 풍성하게 만든 것입니다. 남이 잘 돼야 나도 잘 된다는 이치입니다. 나도 그들의 영향을 받는 게 인생이니까요.

**쉬며
읽으며
쓰며**

🌿 나는 좋은 것을 나누는 편인가요, 나만 소유하려고 애쓰는 편인가요.

🌿 내가 나눌 수 있는 좋은 것들은 무엇이 있을지 한번 생각해보세요.

나만의 아름다운 공백

지금 당장 떠오르는 생각을 가볍게 끄적여 보세요.
그림도 좋아요. 낙서도 좋아요.

남은 1까지
채우는 배려

얼마 전 모임을 갖고 자동차로 누군가를 중간에 내려주고 다음 약속 장소로 가야 하는 상황이 생겼습니다. 가다 보니 다음 약속 장소까지 시간이 조금 빠듯할 것 같았습니다. 그래서 거의 다 왔지만 집 근처까지 데려다주지 못하고 큰길에 내려주었습니다.

운전을 하며 가는데 계속 마음이 좋지 않았습니다. '해가 내리쬐는 이 더운 날씨에 그 사람은 족히 10분은 걸어야 할 텐데…' 하는 안쓰러운 마음이 들었습니다. 차로 가는 1분만 생각했지 그 사람의 입장에서 생각해주지 못했습니다. 집까지 데려다주지 못한 것이 곧 후회가 되었습니다.

차로 가면 1분이면 되는 것을 걸어가는 사람은 10분이 될 수 있다는 생각을 왜 못했을까. 아마도 제 마음속에는 '여기까지 데려다준 것도 어디야?'라는 생색이 있었나 봅니다.

   20분을 같이 왔지만 그 1분 때문에 나의 배려는 온전한 사랑이 되지 못했습니다. 1만큼의 인색함이 그를 10만큼 힘들게 했습니다. 물론 그는 그것도 충분히 감사하겠지만, 난 약속에 대한 조바심에 모자란 배려를 돌아보게 되었습니다.

   99를 하고 1에 인색한 나를 향해 주님은 '오리를 가자면 십리를 동행하라'고 말씀하십니다. 꽉 채운 배려! 남은 1에 인색하지 말고 넉넉한 배려를 해야겠습니다.

쉬며
읽으며
쓰며

🌳 누군가를 배려할 때 끝까지 하지 못한 경우가 있었나요?

🌳 내가 할 수 있는 채워진 사랑은 어떤 것이 있을지 적어 보세요.

나만의 아름다운 공백

**지금 당장 떠오르는 생각을 가볍게 끄적여 보세요.
그림도 좋아요. 낙서도 좋아요**

하나님께서 흐르게 하신 세월과 섭리에
순응하는 것은 아름다운 일입니다.
주인공의 자리에서 물러나도 괜찮습니다.
그때마다 주신 자연스러움 속에서
우린 여전히 아름다우니까요.

감 놔라,
배 놔라

 남편과 이혼하고 자녀와 어렵게 사는 한 집사님의 상담을 한 적이 있습니다. 신앙생활을 하다가 남편의 외도로 어쩔 수 없이 이혼을 했는데, 같은 교회 권사님이 용서하라는 조언을 수시로 한다는 것이었습니다. 믿는 사람이 그래서 되냐고, 결국 용서하는 것이 하나님의 뜻이라면서요. 남편의 외도는 일회성이 아니었고, 수년 동안 지속되었습니다. 그리고 이혼 당시에도 여자와 헤어지지 않은 상태였습니다. 그런데도 그 권사님은 잊을 만하면 한 번씩 그런 충고를 했다는 겁니다.

 답답한 마음에 정말 여전히 외도 중인 남편과 재결합을 해야 하는 건지 고민하다가 저를 찾아왔습니다. 저는 그녀에게 '용서를 하는 것과 재결합은 다른 문제입니다.'라고 말해주었습니다. 마음으로 용서한다고 같이 살아야 하는 것은 아니라고요. 그러니 재결합하지 않을 것이니 용서도 못 하겠다 생각하지는 말라고요.

　우리는 너무 쉽게 다른 사람에게 용서를 강요합니다. 용서는 누구의 강요에 의해서 될 수 있는 것이 아닙니다. 또 용서를 한다고 꼭 같이 살아야 용서라고 정의 내릴 수 있는 것도 아닙니다. 이후 그녀는 훨씬 더 빨리 용서에 다가갈 수 있었습니다.

　우리도 살면서 남의 인생에 용서를 강요하고 있지는 않은지요. 마음을 먼저 살피는 일이 우리가 먼저 해야 할 일입니다.

쉬며
읽으며
쓰며

🥬 다른 사람의 결정에 너무 쉽게 명령조로 조언한 적이 있나요?

🥬 나를 판단하기보다 내 마음을 먼저 알아주었던 사람을 기억해보세요.

나만의 아름다운 공백

지금 당장 떠오르는 생각을 가볍게 끄적여 보세요.
그림도 좋아요. 낙서도 좋아요.

누가
그 속을 알까

아주 오래전 읽은 책 중에 맥스 루케이도의 『주와 같이 길 가는 것』이라는 책이 있었습니다. 짧은 책이지만 얼마나 나의 생각에 많은 영향을 미쳤던지 지금도 강단에 서면 늘 이야기합니다. 그 중에 나의 삶에 한 원칙을 만들어 준 구절이 있습니다. 그 구절을 통해 나는 다른 사람을 이해하는 법, 혹은 판단을 멈추는 법을 배웠습니다. 그건 아주 간단한 두 구절이었습니다.

'우리는 오늘 아침 비틀거리는 남자를 비난하지만 그가 어제 구타당하는 모습은 보지 못했다. 절뚝거리며 걷는 여자를 판단하지만 그 여자의 신발에 박힌 압정은 보지 못한다.'

스쳐 지나갈 수도 있는 이 구절이 다른 사람을 보는 나의 시각을 바꾸었습니다. 지금 내가 보는 모습이 다가 아니라는 것을,

그 사람의 속사정은 그 사람 말고는 아무도 모른다는 것을. 그래서 누구도 쉽게 정죄해서는 안 되고, 보이는 대로 판단해서도 안 된다는 사실을 말입니다.

우리는 많은 순간 사람을 판단합니다. 그 사람의 속사정에는 관심이 없습니다. 이것이 팩트라며 보이는 것만으로 단정 짓습니다. 과연 그 속을 누가 알까요? 다른 사람들이 내 속을 모르듯 말입니다.

쉬며
읽으며
쓰며

🍃 누군가에게 오해를 받았던 적이 있나요? 나도 어쩌면 그들처럼 많은 오해를 했을지도요.

🍃 보기 싫었던 사람들에게도 어떤 속사정이 있지는 않을까요.

나만의 아름다운 공백

지금 당장 떠오르는 생각을 가볍게 끄적여 보세요.
그림도 좋아요. 낙서도 좋아요.

이름을
불러 주세요

　가끔 여행을 가게 되면 근처에 식물원을 들르곤 합니다. 풀과 나무들을 보면 하나님이 지으신 아름다움으로 마음이 편해지는 것을 느낍니다. 식물원에 가서 좋은 일 중 하나는 꽃이나 풀들의 이름을 알 수 있는 것입니다. 거대한 열대 식물도 있고, 화려한 꽃들도 있습니다. 그런데 언제나 그 사이사이에 이름 모를 아주 작은 풀과 꽃들이 자리하고 있는 것을 발견합니다. 아마 길에서 만났다면 그냥 스쳐 지나갈 것 같은 아주 작은 꽃들. 풀들. 나무들. 천천히 걸으면서 그것들의 이름이 적힌 팻말을 들여다봅니다. 그리고 때로 사과하는 마음을 가집니다. '미안해, 내가 너를 잡초라 불렀구나.'

　하나님이 만드신 모든 존재는 이름을 가지고 있습니다. 그저 뭉뚱그려 잡초라 했던 그 풀들은 자세히 보니 아름다운 꽃이었습니다. 내가 그 풀들의 이름을 알게 되고 부르게 될 때 그냥 잡초가 아닌 전혀 다른 의미로 다가왔습니다. 하나님께서 나의 이름을 부르셨다는 것이 얼마나 감동적인 일인지요.

　어쩌면 우리는 일상 속에서 누군가를 그 사람의 이름이 아닌 그냥 직원, 가족, 이웃으로 뭉뚱그리고 있지는 않은지 모르겠습니다. 오늘은 그 사람의 이름을 불러주면 어떨까요. 이름을 가진 소중한 존재로 말입니다.

쉬며
읽으며
쓰며

🌿 경비 아저씨, 카페 직원, 신입사원, 동네 아주머니… 일상에서 자주 마주치지만 이름을 모르는 사람들이 얼마나 많은지 생각해보세요.

🌿 누군가의 이름이 궁금해졌다면 다음에 만날 때 그 사람의 이름을 불러보면 어떨까요.

나만의 아름다운 공백

지금 당장 떠오르는 생각을 가볍게 끄적여 보세요.
그림도 좋아요. 낙서도 좋아요.

돌아가는 길의
아름다움

 어린 시절 나는 피아니스트가 되기 위해 연습을 했었습니다. 중학생이 되어서 우연히 그림으로 대상을 받으며 미술을 시작했습니다. 6년을 그림을 그리고 전국대회에서 상도 받았지만, 결국 의상 디자인을 전공하였습니다. 대학 2학년 때 콜링을 받고 나는 신학의 길을 가게 되리라는 것을 알게 되었습니다. 30대 중반에 서야 느지막이 신학을 시작하고 8년을 공부했습니다.

 나의 인생을 돌아보면 사역을 하기까지의 인생길이 마치 갈지(之) 자를 그리며 산 것 같습니다. 늘 의문이 들었습니다. '왜 하나님은 나를 바로 신학대학을 가게 하지 않으셨을까? 이리도 하등에 쓸모없어 보이는 것들을 하며 나의 삶의 목표를 알지 못하고 가게 하셨을까?'라고요.

그러나 인생을 살아보니 누구의 인생도 지름길은 없다는 것을 알게 되었습니다. 나는 직선을 원했지만, 주님은 나에게 늘 굽이굽이 돌아가는 길을 주셨습니다. 내가 쉼을 얻기 위해 산책을 하거나 드라이브를 가서 보는 아름다운 광경은 언제나 곡선이었습니다. 고속도로를 달리며 아름답다 느끼지 않는 것처럼 하나님은 나를 아름답게 만드시기 위해 곡선을 택하셨습니다.

우리의 가는 모든 인생길이 때로 갈지자처럼 여겨질 때에 기억하십시오. 하나님은 당신을 아름답게 만들고 계십니다.

**쉬며
읽으며
쓰며**

🌱 나의 인생은 직선이었나요, 곡선이었나요? 곡선이었다면 어떤 굴곡들이 있었나요?

🌱 하나님은 선하신 분입니다. 그분이 나의 인생 굴곡을 통해 나를 아름답게 만드셨다는 것에 동의하시나요?

나만의 아름다운 공백

**지금 당장 떠오르는 생각을 가볍게 끄적여 보세요.
그림도 좋아요. 낙서도 좋아요.**

그 때는 맞고
지금은 틀린가?

　어린 시절의 기억이 그다지 행복하지 않았습니다. 경제적으로 여유가 있었던 어린 시절 엄마는 늘 누워계셨고, 아버지는 술을 많이 드셨습니다. 사춘기 시절 점점 가정은 어려워졌고, 경제를 책임져야 했던 엄마는 날카로워지셨습니다. 아버지는 무엇에도 무관심해 보였습니다. 참 섭섭한 게 많았고, 부모님에 대한 원망이 쌓였습니다. '나는 자식인데 부모가 잘해야 하는 것 아냐?'라면서 어른인 부모가 더 제대로 했어야 한다는데 100% 정당성을 갖고 있었습니다. 다 부모의 잘못이었습니다.

　내가 부모가 되니 억울했습니다. '가정 형편을 다 아는 자녀들이 조금 더 도와줄 수는 없을까? 나도 이유가 있는데, 너무 힘든데, 모든 순간 자녀를 만족시키지 못하는 부모는 죄인인가?'라는 생각을 하곤 했습니다.

   그럴 때마다 나의 어린 시절을 떠올렸습니다. 그 나이로 돌아가 그때의 마음으로 생각하면, 모든 것은 어른이자 능력 있는 부모의 잘못이었습니다. 어린아이인 나는 너무 약하고 무능했고 보호받아야 할 존재였으니까요.

   자녀의 마음이 그때(내가 어릴 때)는 맞고 지금(내가 부모일 때)은 틀리다 할 수 없습니다. 오늘도 나는 부모이지만 어린 시절 나를 기억하며 사랑을 훈련합니다. '그때도 맞고, 지금도 맞다!'라고 말해야 정직하니까요.

쉬며
읽으며
쓰며

🌿 내가 어릴 때는 맞다고 당당했으면서, 지금 내가 어른이라고 입장이 달라진 것이 있나요? 혹은 내가 운전할 때와 내가 보행자일 때가 너무 다르지는 않는지요.

🌿 지금 나에게 껄끄러운 관계가 있다면 한번 역지사지해서 상대방의 이해되는 점들을 적어보십시오.

나만의 아름다운 공백

지금 당장 떠오르는 생각을 가볍게 끄적여 보세요.
그림도 좋아요. 낙서도 좋아요.

작은 목표에만
치중된 삶

얼마 전 가족 휴가로 괌에 간 적이 있었습니다. 한 음식점에 들어갔는데 그곳에 한국 사람이 많이 오는지 종업원이 아는척하고 싶어 합니다. 그러더니 우리 일행을 보며 "빨리빨리"하면서 웃습니다. 아마 한국인이 아직도 그리 보이나 봅니다. 사실 나는 별로 유쾌하지 않았습니다. 그는 아는 한국말을 했겠지만 그 말엔 부정적인 이미지도 있으니까요.

우리는 작은 목표만 주어지면 열심히 합니다. 그래서 횡단보도의 불이 들어오면 누구를 잡으려는 듯 재빨리 건너고, 계단을 오를 때도 누가 쫓아오는 양 뛰다시피 오릅니다. 하지만 그렇게 급하게 건너고 나서는 언제 그랬냐는 듯 원래 느릿한 걸음걸이로 돌아가곤 합니다. 작은 목표가 주어지면 재빠르고 성실하게 임하지만 그 목표가 없어지면 동력을 잃을 수도 있다는 겁니다.

  살면서 때로 코앞보다는 조금 더 멀리 보는 것이 중요하다는 걸 알게 됩니다. 직면한 문제들에 재빠르게 대처하는 것도 필요하지만 긴 안목을 가지고 대응할 필요도 있겠지요. 정신없이 많은 일을 처리한 바쁜 날의 뿌듯함은 우리를 만족스럽게 합니다. 그러나 때로 일이 늦어지더라도 하나님의 뜻을 발견하기 위해 고민하는 날도 필요하지 않을까요.

쉬며
읽으며
쓰며

🍃 나는 멀리 보고 가는 타입인가요, 아니면 빨리빨리 가는 타입인가요.

🍃 모든 상황에서 하나님의 뜻을 먼저 생각하는 습관이 필요합니다.
　 선택의 기로마다 하나님의 뜻이 무엇인지 한번 물어보면 어떨까요.

나만의 아름다운 공백

지금 당장 떠오르는 생각을 가볍게 끄적여 보세요.
그림도 좋아요. 낙서도 좋아요.

다이어리

 새로운 마음으로 다이어리를 쓰기 시작하면서 깨닫게 된 사실이 있습니다. '나는 왜 다이어리를 쓰는 걸까?' 해야 하는 일을 잊지 않고 하려고. 일을 더 효율적으로 하려고. 계획을 잘 짜서 더 많은 일을 하려고. 참신한 아이디어로 새로운 일을 만들어 하려고. 시간을 절약해서 더 많은 일을 하려고. 잠을 줄여서 더 많은 일을 하려고….

 계획을 세우고, 일을 규모 있게 하고, 시간을 더 효율적으로 관리해서 '더 많은 일을 하기 위한' 목표에서였습니다. 마치 일하려고 태어난 사람처럼 말입니다.

 일을 많이 해야 인생을 잘 살아낸 것처럼 생각하고, 일을 잘해야 쓸모 있는 존재처럼 여겼습니다. 그래서 나의 건강을 다 태워 일을 했습니다. 나의 젊음을 깎아내며 일을 했습니다. 내 마음

에 상처를 주면서 일을 했습니다. 가족이 귀찮아질 만큼 일을 했습니다. 사랑하는 사람도 친구도 만나지 못할 만큼 일을 합니다. 일이 사라지면 내가 사라지는 것처럼요. 나는 무엇을 위해 이렇게 달리고 있는 걸까요. 일이 곧 나는 아닌데 말입니다.

  일을 못해도 나는 소중하고, 일을 적게 해도 나는 소중합니다. 일을 잘하면 유능합니다. 돈을 버는 데 도움이 됩니다. 사람들에게 인정받습니다. 그건 그것대로 좋지만, '일이 곧 나'는 아닙니다. 노동을 위한 다이어리 말고 삶을 위한 다이어리, 꿈을 위한 다이어리를 써봐야겠습니다.

쉬며
읽으며
쓰며

🌿 나는 다이어리를 어떤 목적으로 쓰고 있나요.

🌿 일 말고 내가 꿈꾸는 나의 삶, 올해 내가 살고 싶은 삶, 오늘 내가 살고 싶은 삶이 무엇이 있는지 생각해보세요.

나만의 아름다운 공백

지금 당장 떠오르는 생각을 가볍게 끄적여 보세요.
그림도 좋아요. 낙서도 좋아요.

미움을 잡는 법

오랫동안 딱히 미워하는 사람 없이 잘 살아왔습니다. 물론 지금껏 미움의 대상이 없었던 것은 아니나 오래전에 아주 오랜 시간에 걸쳐 해결한 후에는 평안한 삶이었습니다. 그런데 근래 이해할 수 없는 일을 겪으면서 한 사람이 내 마음의 미움의 자리에 우뚝 서버렸습니다. 섭섭함과 황당함, 원망과 미움은 순식간에 내 마음에 아주 견고하게 자리 잡았습니다. 한 달여를 마음속에 담고 버리지 못했습니다. 아니 더 정직하게는 그 미움을 키웠습니다.

그러던 어느 날 새벽예배 설교 한 마디에 정신이 번쩍 나게 되었죠. "미움은 자신의 마음에 독사를 키우는 것과 같습니다. 그 독사는 결국 남이 아닌 나를 물게 될 것입니다. 당신의 마음에 독사를 죽이고 복음의 약초를 심으십시오!" 주님의 음성처럼 심장에 꽂혔습니다.

 '내가 독을 품고 있구나. 언젠가 제대로 한번 물어주리라 생각하며 저주를 담고 살았구나.' 깨달았습니다. 즉시 회개하고, 사랑할 수는 없지만 용서는 했습니다. 당장에 문자를 보내고 최선을 다해 털어버렸습니다. 그리고 예수 그리스도의 사랑을 마음에 심었습니다. 이 약초가 나를 살릴 것을 믿으면서요.

 때로 다시 독사를 키우고 싶은 마음에 흔들립니다. 하지만 내가 물려 죽고 싶지는 않습니다.

**쉬며
읽으며
쓰며**

🥬 내 안에 남은 독사가 있나요? 비실비실하게라도 먹이를 주고 있다면 당장 처단하십시오.

🥬 복음의 약초는 하나님의 사랑을 믿는 믿음입니다. 나는 너무도 충분히 사랑받고 있는 존재임을 인정하시는지요.

나만의 아름다운 공백

지금 당장 떠오르는 생각을 가볍게 끄적여 보세요.
그림도 좋아요. 낙서도 좋아요.

불만은 감사의
그릇에 담겨있다

지난 7년 넘게 매일 기도문을 써서 올리는 일을 해왔습니다. 처음에는 직장인을 위한 기도문을 그다음에는 직장인들만이 아닌 일반인들도 포함한 아침 기도문을 썼죠. 그리고 2019년을 맞이하면서 마음 가운데 '하나님을 찬양하는 아침 기도문'을 써야겠다는 생각이 들었습니다. 그러나 사실 이건 엄청 어려운 일이었습니다. 왜냐하면 우리의 기도는 99%가 간구로 되어 있으니까요.

예상대로 감사와 찬양으로 가득 채우는 기도는 아주 어려웠습니다. 매일 감사할 거리를 찾느라 힘들었습니다. 그렇게 감사할 것을 샅샅이 찾다 보니 발견한 사실이 있습니다. 우리가 불평하는 많은 것들은 감사할 그릇에 담겨있다는 것을요.

 집이 좁아 불만인 사람은 이미 집이 있다는 것에 감사해야 합니다. 심지어 집이 좁다는 것은 그 안을 채운 물건이 많다는 증거이기도 하겠죠. 부하직원이 속을 썩인다면 나는 직장에 다니고 있으며 심지어 상사입니다. 부모님 때문에 힘들다면 나의 부모님은 생존해 계시며, 배우자 때문에 고민이라면 나는 결혼을 한 사람이라는 겁니다. 자식 때문에 속상하다면 나는 심지어 자녀까지 있습니다. 가지지 못했다면 불만할 수 없는 것들로 가득합니다.

 당신은 무엇이 불만이신가요? 그 불만을 담고 있는 감사의 그릇을 먼저 보십시오.

쉬며
읽으며
쓰며

🌿 내가 불만하는 요소들을 나열해 보십시오. 그리고 그것을 담고 있는 감사의 그릇을 찾아보세요.

🌿 하나님께 새롭게 발견한 감사의 제목들을 올려 드려 보세요.

나만의 아름다운 공백

지금 당장 떠오르는 생각을 가볍게 끄적여 보세요.
그림도 좋아요. 낙서도 좋아요.

산다는 것은
무엇일까

누구나 한번 태어난 인생 잘 살고 싶은 것은 본능일 것입니다. 잘 산다는 것이 지금은 부자로 사는 것처럼 의미가 변질되었지만, 잘 산다는 것은 원래 인생을 의미 있게 산다는 것일 테지요.

잘 살려면 먼저 내가 어디서 와서 어디로 가야 하는지 알아야 합니다. 하나님을 만나야 하는 거죠. 그렇다고 모두 잘 사는 건 아닙니다. 내가 누구인지를 알아야 합니다. 내가 어떤 사람으로 이 땅에 태어났는지, 나만의 아름다운 특질은 무엇인지를 알아야 합니다. 단지 사명만이 아니라 내 존재를 하나님이 어떻게 만드셨는지를 발견하는 겁니다. 독특한 내 존재를 잘 살려서 빛나게 할 때, 나도 기쁘고 하나님도 기뻐하시는 삶을 살 수 있습니다.

　다른 사람들과 똑같은 기준으로 살면서 다른 사람들의 칭찬을 받는다고 잘 사는 것이 아닙니다. 하나님이 내게 원하시는 삶, 단지 업적이 아닌 나만이 가진 본질을 알아야 합니다.

　어쩌면 내가 나를 제일 모르는 건 아닐까요? 나를 연구하는 시간이 필요합니다. 내가 좋아하는 것, 내가 싫어하는 것, 내가 가고 싶은 곳, 내가 분노하는 것, 내가 잘하는 것, 내가 못하는 것…. 하나님이 만드신 아름다운 나를 찾는 여행을 다시 한번 떠나보면 어떨까요.

쉬며
읽으며
쓰며

🍃 나는 나를 얼마나 알고 있나요?

🍃 내가 좋아하는 것, 내가 싫어하는 것, 내가 즐거울 때, 내가 가고 싶은 곳, 내가 살고 싶은 스타일, 내가 꿈꾸는 것, 하나님이 주신 나의 아름다움이 어떤 것이 있는지 적어보세요.

나만의 아름다운 공백

**지금 당장 떠오르는 생각을 가볍게 끄적여 보세요.
그림도 좋아요. 낙서도 좋아요.**

나가며

당신에게 드리는 글

당신은 지금 이 책을 읽으며 쉼을 누리고 계신가요?
아니면…
아직도 조바심에 일 걱정을 하고 계신가요?
괜찮습니다. 더 잘하지 않아도 괜찮습니다.
멈추어도 괜찮습니다.
당신은 잘 살아왔습니다.
무슨 증거로 그리 말하냐구요?
살아 있잖아요.

당신으로 살아 있잖아요.
살아남아 주어서 고맙습니다.
지금 그대로 참 좋습니다.
당신은 아주 멋지고, 사랑스럽습니다.
더할 나위 없이 귀하고 소중합니다.
자주자주 몸으로, 마음으로, 그리고 영혼으로 쉬어주세요.
그 여백이 당신을 더 당신답게 할 겁니다.
당신 스스로를 안아 사랑해주십시오.
쉴 줄 아는 당신의 멋진 인생을
마음으로 깊이 응원합니다.

_ 김민정 드림

사명선언문

너희가 흠이 없고 순전하여……세상에서 그들 가운데 빛들로
나타내며 생명의 말씀을 밝혀 _ 빌 2:15-16

1. 생명을 담겠습니다
만드는 책에 주님 주신 생명을 담겠습니다.
그 책으로 복음을 선포하겠습니다.

2. 말씀을 밝히겠습니다
생명의 근본은 말씀입니다.
말씀을 밝혀 성도와 교회의 성장을 돕겠습니다.

3. 빛이 되겠습니다
시대와 영혼의 어두움을 밝혀 주님 앞으로 이끄는
빛이 되는 책을 만들겠습니다.

4. 순전히 행하겠습니다
책을 만들고 전하는 일과 경영하는 일에 부끄러움이 없는
정직함으로 행하겠습니다.

5. 끝까지 전파하겠습니다
모든 사람에게, 땅 끝까지, 주님 오시는 그날까지
복음을 전하는 사명을 다하겠습니다.

서점 안내

광화문점	서울시 종로구 새문안로 69 구세군회관 1층 02)737-2288 / 02)737-4623(F)
강남점	서울시 서초구 신반포로 177 반포쇼핑타운 3동 2층 02)595-1211 / 02)595-3549(F)
구로점	서울시 동작구 시흥대로 602, 3층 302호 02)858-8744 / 02)838-0653(F)
노원점	서울시 노원구 동일로 1366 삼봉빌딩 지하 1층 02)938-7979 / 02)3391-6169(F)
분당점	경기도 성남시 분당구 황새울로 315 대현빌딩 3층 031)707-5566 / 031)707-4999(F)
일산점	경기도 고양시 일산서구 중앙로 1391 레이크타운 지하 1층 031)916-8787 / 031)916-8788(F)
의정부점	경기도 의정부시 청사로47번길 12 성산타워 3층 031)845-0600 / 031)852-6930(F)
인터넷서점	www.lifebook.co.kr